DON BOSCO
VERLAG

Elmar Gruber

LEBENSWAHRHEITEN

Auf dem Weg zu mir selbst

Don Bosco Verlag

Die Deutsche Bibliothek – CIP-Einheitsaufnahme

Gruber, Elmar:
Lebenswahrheiten : auf dem Weg
zu mir selbst / Elmar Gruber.
– 2. Aufl. – München : Don-Bosco-Verl., 1997
ISBN 3-7698-0769-3

verlags
gruppe
engagement

2. Auflage 1997 / ISBN 3-7698-0769-3

Umschlag und Gestaltung: Felix Weinold
Bilder von Elmar Gruber
Gesamtherstellung: Salesianer Druck, Ensdorf

INHALT

EINLEITUNG

Wer das Leben liebt, kann leben
Lebenswahrheiten zum Selbstentdecken.

Ich kann nur selbst leben. Mit dem Dasein ist die Aufgabe gegeben, das Leben, sein Leben zu leben und selbst zu werden. Die heutige Zeit fordert jeden einzelnen besonders heraus, selbst zu leben. Viele Menschen sehen sich in dieser Aufgabe überfordert, geraten in Abhängigkeiten und Fremdbestimmungen und gelangen dadurch nicht zu selbständiger Verantwortung. Es ist die in unseren Tagen weit verbreitete Lebensbequemlichkeit und Konsumorientierung, wodurch viele Menschen nicht zu der Reife gelangen, die für sie möglich wäre.

Es fehlen heute auch mehr als früher – besonders im Kleinkindalter – die sozialen Kontakterfahrungen, die für die Gewinnung des Urvertrauens in der Regel nötig sind. Ohne Vertrauen ins Leben bleibt die Angst vorherrschend, die alle Daseins- und Lebensfreude lähmt. Das Ich wird nicht entwickelt. Es bleibt ganz in der Abhängigkeit der Triebe und/oder in der Abhängigkeit einer Gruppe, eines Gurus oder einer Ideologie.

Das Ziel ist, selbst zu leben in Abhängigkeit vom Leben selbst, aus unmittelbarer Lebens- bzw. Gotteserfahrung. Ich lebe mein Leben in meiner Lebenserfahrung aus dem Leben selbst. Ich lebe aus dem Leben *in* der Gruppe und mit der Gruppe, aber ich lebe nicht *aus* der Gruppe, auch nicht aus dem Gruppen-Ich.
Religiös gesprochen: Ich lebe *aus* Gott *in* der Glaubensgemeinde, in der ich Gott wieder ganz persönlich erfahre. Ich lebe aus Gott, nicht aus der Theologie. Man kann Gott nicht durch die Lehre von ihm und durch Institutionen ersetzen.

Selbst leben kann ich nur aus den Wahrheiten, die ich selbst entdeckt habe und aus den

Erfahrungen, die ich selbst gemacht habe. Ich kann anderen und ihren Erfahrungen vertrauen, aber in diesem Vertrauen bleibe ich selbstverantwortlich. In den Lebensvollzügen kann ich mich letzten Endes nur auf mich selbst berufen – vor mir selbst, vor den Menschen und vor Gott. Ich kann nur die Wahrheiten verwirklichen und bezeugen, die ich selbst gefunden habe. Ich kann nur für meine Wahrheit leben und sterben, nicht für die deine. Aber meine Wahrheit und die deine können dieselbe Wahrheit sein, und es ist wunderbar: je mehr ich in meine Wahrheit dringe, desto mehr erfahre ich, daß meine Wahrheit die eine Wahrheit ist. Im Dialog wird diese Einheit sichtbar. Der Dialog erweitert die Erfahrung und befreit vom subjektiven Irrtum.

Es gibt letztlich nur eine Wahrheit, ein Leben, eine Liebe und diese drei sind eins. Das Johannesevangelium setzt dafür das Wort Gott. Diese Wirklichkeit „Gott“ ist in der Jesusgestalt verkörpert. Wir Menschen dringen je nach Bemühen und Begabung mehr oder weniger tief durch unsere Erfahrungen in das Leben und in die Lebenswahrheit ein bzw. die Wahrheit dringt mehr oder weniger in uns ein. Entscheidend ist, daß wir unterwegs sind.

Gott kann also nur als Lebenswahrheit und Lebenswirklichkeit von jedem selbst *entdeckt* werden. Und diesem Gott ist jeder *letztlich* verantwortlich – nicht den nachgeordneten Institutionen. Diese Tatsache wird nicht aufgehoben durch den Hinweis auf die Irrtumsmöglichkeit und auf die Feststellung, daß viele Menschen (noch) ein sehr unrealistisches Selbstbild haben und ihr Triebverlangen mit verantwortlichem Willen verwechseln.

Es gibt Hilfen zum Entdecken der Wahrheit. Die wichtigste Hilfe ist wohl ein glaubwürdiger, vorbildlich lebender Mensch. Auch Theologie und Moral sind Hilfen. Aber sie sind nicht die Wahrheit selbst, sondern Symbol der Wahrheit, die ich selbst entdecken muß.

Es gibt noch andere Hilfen zum Entdecken des Lebens und der Lebenswahrheit. Einsichten, die aus und in Lebens- und Glaubenserfahrung gewonnen wurden, können anderen wieder helfen, selber Lebens- und Glaubenswahrheit zu entdecken. In diesem Sinn wollen die Sätze dieses Buches helfen, Wahrheit zum Leben selbst zu entdecken. Je tiefer und je persönlicher ein Mensch die Lebenswahrheit „Gott“ entdeckt, desto mehr geht ihm auf, daß es nur einen Gott gibt, der alle Menschen eint über die Grenzen der Religionen und Dogmatiken hinweg. Frieden und Solidarität auf Erden ist kein Problem Gottes, sondern das Problem der Menschen, denen mehr oder weniger selbstverschuldet dieser Gott noch nicht aufgegangen ist, – dieser Gott, der sich nicht aufdrängt, der aber überall entdeckt werden kann, vor allem in der Jesusgestalt.

„Ich wäre zu erreichen gewesen für die,
die nicht nach mir fragten,
Ich wäre zu finden gewesen für die,
die nicht nach mir suchten.
Ich schrie zu einem Volk,
das meinen Namen nicht anrief:
Hier bin ich, hier bin ich."
Jes 65,1

SO IST DAS LEBEN

Lebe dein Leben;
du bekommst kein anderes.

SO IST DAS LEBEN

Spannungen, Herausforderungen
Dissonanz und Harmonie
sind Vor-kommnisse des Lebens.

Ob ich will oder nicht:
ich bin da.
Da ist aber auch meine Angst:
Ich habe das Leben noch nicht.
Das Leben ist noch nicht in mir,
ich bin noch nicht im Leben.

Ich muß selbst leben
und kann das Leben nicht machen.

Das Leben wird mein Leben,
wenn ich mich traue, selbst zu leben,
wenn ich das Leben er-lebe.

Das Leben ist Gott;
Gott ist ursprünglich
kein theologischer Begriff,

sondern ein Wort für die Wirklichkeit
des Lebens,
die mich unbedingt
und unmittelbar angeht
in den entscheidenden Augenblicken
meines Daseins,
die im Gedächtnis unverlierbar werden.

Wer dem Leben traut, fängt an zu leben.
Das „Es gibt mich“ wird zum
„Er gibt mich mir“.

Im Leben bekommt jeder das Seine,
aber nur wenige sind damit zufrieden.

Das Leben ist in dem, was ist,
nicht in dem, was sein könnte.

Das Leben verlangt von jedem,
an sich zu arbeiten.

Sinn kann man nicht machen,
man kann ihn nur finden.

In deinem Leben
hat alles Sinn,
auch wenn du ihn
noch nicht gefunden hast.

Wer vom Leben
eine Ahnung hat,
braucht nicht mehr
alles zu wissen.

Das einfache Leben
ist am schwierigsten.

Freude und Leid
sind Lebenskräfte:
Das Leben
zieht und schiebt
immer weiter.

Wer einmal die Sonne sah,
weiß immer,
was hinter den Wolken ist.

Das Ganze besteht aus
Vor- und Nachteil.
Wer nur den Vorteil sucht,
lebt nicht ganz.

Glück ist
Technik oder Geschenk,
Leistung oder Gnade
oder beides zusammen?
Daran scheiden sich die Geister.

Einsichten und Entdeckungen
sind Geschenke,
die man nicht erzwingen kann;
man kann nur darum bitten.

Wer im Leben stehen will,
braucht einen Standpunkt.
Wer nicht auf seinem Standpunkt steht,
fällt um.

Standpunkte kann man nicht annehmen;
man kann sie nur selbst einnehmen.

Zuviel Angleichung
stört die Ausgeglichenheit.

Zu viel
und zu wenig Rücksicht
schaden dem Leben.

Das Ich muß so stark werden,
daß es den Verstand
und die Gefühle steuert.

Wer mich einsperrt,
könnte mich befreien,
wenn er selbst frei wäre.

Ganz frei ist,
wer auch die Freiheit
nicht mehr haben muß.

Gehorsam ist die Fähigkeit zu hören.

Gehorsam
ersetzt keine Verantwortung.
Ich bin verantwortlich,
auch wenn ich Gebote halte.

Auch der achtet die Gebote,
der sie verantwortlich übertritt.

Das Unerlaubte
bleibt unerlaubt,
auch wenn ich es mir erlaube.

Auch das kleinere Übel
ist ein Übel.

Nur falsche Hoffnungen
werden enttäuscht.

Man kann die Sterne
nicht vom Himmel holen.
Sie müssen selbst herunterfallen.

Die Frucht des Gebetes
liegt im Beten selbst.

Man kann alles mit wenigen
und nichts mit vielen Worten sagen.

Die Gerechtigkeit der Gerechten
ist schlimmer als die Schuld der Sünder,
weil die Liebe nicht hineinkann.

Wahrheit kann nicht verordnet werden.
Man muß sie entdecken dürfen.

Die Wahrheit ist in jedem Menschen da;
doch ist es eine Kunst,
sie zu entdecken.

Nur wer die Wahrheit in sich findet,
kann an sie glauben.

Der Mensch ist auf Wahrheit angelegt.
Ohne Gott
bleibt ihm nur der Selbstbetrug.

Wahrheit, die trennt,
kann nicht wahr sein.

Die Wahrheit ist dort unfehlbar,
wo sie alle Menschen eint.

Wer auf Wahrheit pocht,
hat sehr oft keine Liebe.
Wer Liebe hat,
braucht auf Wahrheit
nicht mehr zu pochen.

Wirkliche Wahrheit
kommt nur
aus wahrer Wirklichkeit.

Wahrheit,
die nicht aus Liebe kommt,
ist Wahrheit,
die nicht wahrhaftig ist.

Der schlimmste Irrtum
ist Wahrheit ohne Liebe.

Wer die Wahrheit in sich selbst sucht,
darf erleben,
daß es nur die eine gibt,
die alle Menschen eint:
die Liebe.

Wahrheit macht nur mächtig;
Liebe erlöst.

Irrtum im Leben
wird nicht durch Wahrheit,
sondern durch Liebe behoben.

Auch im verkommensten Menschen
ruht der Funke ewiger Wahrheit,
der entdeckt werden müßte.

Wer weiß, daß er lügt,
steht immer noch in der Wahrheit.

Humor ist das einzige,
das man ernst nehmen muß im Leben;
alles andere
muß man mit Humor nehmen.

Wer nicht welken will,
kann auch nicht blühen.

Einmal geblüht –
für immer geblüht.

Ohne Werte
ist das Leben wertlos.

Wer immer bekommt,
was er will,
will nicht mehr,
was er bekommt.

Angst und Unzufriedenheit
entstehen in der Verwöhnung.

Der beste Wein wird sinnlos,
wenn man ihn immer wieder trinkt.

Sinn braucht Sinnlichkeiten;
Sinnlichkeit braucht Sinn.

Wer kein Aussehen hat,
findet auch kein Ansehen.

Wer sich eine Traumfrau,
einen Traummann,
ein Traumleben wünscht,
kann nur im Traum Erfüllung finden.

Das Göttliche im Kind
ist sein absichtsloses Dasein
und die Fähigkeit
zum Urvertrauen.

Das Leben lebt in Rhythmen,
die Menschen haben die Zeit daraus gemacht.
Der Rhythmus hilft,
die Zeitprobleme zu lösen.

Auch das Nichts-Vorhaben
muß ich mir vornehmen.
sonst bleibt die Erholung aus.

Das ganze Leben
ist in jedem Tag verborgen.
Wer tageweise leben kann,
hat seine Zukunft schon bewältigt.

Oft muß ich mir die Zeit nehmen,
damit ich sie mir lassen kann.

Die Zeit ist da.
Wenn einer keine hat,
muß es an ihm liegen,
nicht an der Zeit.

Der Segen des irdischen Lebens
hängt nicht
von seiner Länge ab.

Im Zeit-los-Werden
findest du
die Ewigkeit.

SELBSTERFAHRUNG

Ich erlebe mich im Leben.
Nur wer mit sich selber eins ist,
kann es auch mit anderen sein.

SELBSTERFAHRUNG

Es gibt kein Ich
ohne Gegenüber.

Ganzheit
ist die Einheit von Einzelheiten.
Im Ärger
erlebe ich meine „Fehler“,
das, was mir fehlt:
Ich bin nicht mehr
oder noch nicht in der Einheit.
Es fehlt mir die Einheit
mit mir, mit dir, mit Gott – mit allem:
die All-Einheit.

Krankheit, Einsamkeit, Freudlosigkeit,
wenn ich andere
und mich selbst verurteile,
wenn ich an mir, an den anderen
und am Leben verzweifle, –
das sind die Erfahrungen der Schuld,
des Nicht-sein-Sollenden.

Das Wesen der Sünde ist
die Abspaltung vom Leben,
wenn man am Leben zweifelt.

Doch wir haben Zeit –
Zeit zum Leben, zum Heilwerden,
zum Ganzwerden:
Die Rhythmen der Zeit können heilen.
Sie bringen uns ins Leben.
Wir dürfen Fehler und Sünden haben.
Sie können uns in die Tiefe
des Lebens führen,
weil wir gerade durch sie
die einende Kraft der Liebe
erkennen und erfahren.

Frag dich,
was du zum Leben brauchst,
nicht, was du brauchen könntest.

Auch kleine Zeichen
können Großes zeigen.

Wenn dir zuviel auf die Nerven geht,
mußt du deine Nerven anders lagern.

Wenn du dich ärgern mußt,
bist du es,
der dich ärgert.

Am meisten ärgert es die anderen,
wenn ich mich selbst nicht ärgere.

Ich kann mich zu Wort melden.
Doch nur, wo ich Gehör finde,
komme ich zu Wort.

Ein Mensch verkommt,
wenn er sich nicht zur Sprache bringen kann.

Viele sind krank,
nur weil sich niemand
mit ihnen befaßt.

Auswege,
Irrwege,
Umwege –
alles ist mein Weg,
wenn ich ihn gehe.

Lossprechung ist untrennbar
mit Anhörung verbunden.

Wir wollen und tun oft das,
was wir eigentlich nicht wollen.

Viele Menschen
verwünschen sich in ihren Wünschen.

Wahrheit kann Lüge sein
und Lüge Wahrheit.
Entscheidend ist die Liebe.

Wer sagt, er irrt nicht, irrt.
Denn er kann nur glauben,
daß er nicht irrt –
und wäre es der Papst.

Die objektive Wahrheit zu haben,
ist immer eine subjektive Meinung.

Der Fundamentalist
läßt nur sich und seinesgleichen gelten.
Das ist sein fundamentaler Fehler.

Wer selbst kein Erbarmen braucht,
hat auch keines für die anderen.

Im Urteil über andere
fälle ich das Urteil
über mich.

Bilde dir ein eigenes Urteil,
doch urteile nicht danach;
denn meistens
ist doch alles ganz anders.

Wenn ich dem anderen Gutes sage,
wird ihm – wird er – besser.

Du wirst nicht besser,
wenn du andere schlecht machst.

Wer sich auf Kosten anderer verbessert,
zahlt letzten Endes drauf.

Wieder gut machen heißt
es besser machen.

Wer das Gute im Menschen sehen will,
darf auch vor dem Bösen
die Augen nicht verschließen.

Auch in der Verurteilung
kannst du Anerkennung finden.

Jede Verletzung
schreit nach Erbarmen.

Du mußt der Zeit
Zeit lassen,
damit sie heilen kann.

Oft bin ich schuld,
daß andere schuldig werden.

Es gibt keine Schuld ohne Mitschuld.

Ohne Widerspruch kein Fortschritt.
Fortschrittlich ist,
wer Widerspruch vertragen kann.

Fortschritt
entsteht durch Kompromiß.

Ohne Standpunkt
ist kein Fortschritt möglich.
Der Fortschrittliche
kann Standpunkte verändern
und bleibt dabei doch derselbe.

Der Kompromiß
setzt verschiedene Standpunkte voraus.
Kompromißbereitschaft
ist nicht Standpunktlosigkeit.

Die Unangepaßten
sind auch angepaßt,
nur woanders.

Falle nie herein auf die,
die dich kritiklos anerkennen;
sie kennen dich nur halb.

Wenn du dein Ich finden willst,
darfst du vor dir selber
nicht davonlaufen.

Im Vergleich
ist zweierlei möglich:
Du kannst deine Einmaligkeit
gewinnen oder verlieren.

Ich bin ich,
und du bist du.
In der Verwechslung
stirbt jede Gemeinschaft.

Was würde ich an deiner Stelle tun? –
Jeder kann an seiner Stelle
nur das Seine tun.

Nimm den anderen nur beim Wort,
wenn er im Wort drin ist.

Erst in der Anerkennung
lerne ich mich kennen.

Selbstbestätigung
kann keiner selbst erzeugen.

Mein Ich kann nur am anderen wachsen,
aber nicht in ihm.

Manchmal werden Selbständigkeit
und Rücksichtslosigkeit verwechselt.

Mache niemanden abhängig von dir,
sonst bist du selber abgehängt.

Wenn du mich einsperrst,
muß ich mir einen Ausweg suchen.

Wenn du Gott suchst,
und in der Kirche
nur einen Pfarrer findest,
liegt es sicher auch an dir.

Wer Gott nicht dient,
dient Götzen.
Der schlimmste Götze
bist oft du selbst.

Solange die Freude
noch ganz vom anderen abhängt,
ist sie nicht in dir.

Ohne Gott
ist nichts erlaubt
und nichts verboten.
Die Zwänge
sind jetzt an der Macht.

Die Bereitschaft
sich zu ändern,
ist die Voraussetzung
zur Selbsterkenntnis.

Nicht im Blühen,
sondern im Welken
wird die Ewigkeit der Blüte
offenbar.

Erst der vergangene Augenblick
wird unverlierbar
ganz mein eigen.

ENTZWEIUNG – EINIGUNG

Wenn die Liebe fehlt,
polarisieren sich die Kräfte.

ENTZWEIUNG

Die „Ursünde“:
Gut und Böse
entstehen durch Entzweiung.

Aggression, Haß,
Neid, Geiz, Unzufriedenheit,
Habsucht, Eifersucht ...
sind Spaltprodukte des Lebens.
In ihnen wirken starke Lebenskräfte,
die nicht ausgelöscht werden dürfen.
Sie müssen vielmehr
durch die alles überwältigende
Kraft der Liebe
wieder geeint und
richtig „angeschlossen“ werden.

Schuld an der Spaltung
ist immer der Mensch,
auch wenn Gott den Menschen
so geschaffen hat,
daß er schuldig werden kann.

Aber Gott „weiß“
um die überwältigende Kraft
der Liebe,
die größer ist
als alle Schuld der Menschen,
und die die Freiheit des Menschen
nicht ausschließt,
sondern mit einschließt.

Wer Probleme löst,
bevor sie da sind,
schafft neue.

Oft macht das Probleme-Lösen
die Probleme.

Was dich an jemandem ärgert,
ist nur das Gegen-Teil von dem,
was dich an ihm freut.

Wer nichts ertragen kann,
wird sich und anderen
unerträglich.

Gesteh dir deinen Ärger zu,
gesteh ihn ein,
nur so
kannst du ihn überwinden.

Wenn ich mir alles gefallen lassen muß,
kann ich mir nichts mehr
gefallen lassen.

Wer Vertrauen fordert,
hat selber keines.

Durch zu viel Vertrauen
und durch zu wenig
werden Menschen überfordert.

Der Schwache
zieht den Unterdrücker an,
damit er stark wird.

Wer sich gar nicht anpaßt,
dem paßt nichts.

Wer allen alles recht machen will,
kann nichts mehr recht machen.

Auch die Angst vor Konflikten
schafft Konflikte.

Nur wer Spannungen erträgt,
kann ausgeglichen werden.

Wer immer nur leben will
nach Lust und Laune,
kann nicht mehr mit Lust und Laune leben.

Wer haben und besitzen muß,
der ist besessen.

Wer sich selbst quält,
quält damit die anderen.
Wer andere quält,
quält damit sich selbst.

Wer sich selbst erfreut,
wird satt,
aber nicht glücklich.

Gemeinschaft
ist ein Geschenk,
das man nicht fordern
und nicht machen kann;
man kann nur dazu beitragen.

Alle Menschen sind gleich
und zugleich ganz verschieden.
Die Einheit beruht auf beidem.

Wer Genugtuung fordert,
hat selbst noch nicht genug getan.
Liebe kann auf Genugtuung verzichten.

Wer immer von sich
auf andere schließt,
soll sich nicht wundern,
wenn nichts mehr stimmt.

Wer es „nur gut meint“,
meint es oft nicht gut.

Wer den anderen verhört,
kann ihn immer
der Lüge überführen.

Die schlimmsten Lügen sind die,
die wir selber glauben.

Wer immer „ehrlich“ sagt,
ist es meistens selber nicht.

Wenn viele wüßten,
wie sie sind,
würden sie vor sich selbst davonlaufen.

Haß ist der Schrei nach Liebe.

Kritik, die aus Liebe kommt,
baut auf;
die aus Haß kommt, zerstört,
auch wenn sie stimmt.

Liebe und Haß
machen blind und sehend.

Das Streiten der Friedlichen
bringt Fortschritt,
das Streiten der Mächtigen
Vernichtung.

Wer nicht schuldig sein kann,
muß immer andere beschuldigen.

Wer den anderen verhört,
verhört sich selber,
weil er den anderen
nicht mehr er-hört.

Wahrheit kommt im Dialog zustande.
Dialog ist Unterredung.
Wer überreden will,
verhindert jeden Dialog.

„Gerechte Strafe“ ist oft nur
legalisierte Rachsucht.

Strafe hat nur Sinn,
wenn ich mich selber finde.

Du brauchst den anderen
nicht zu bestrafen;
das tut er selber.

Keiner entgeht seiner Bosheit.

Das Unrecht
beginnt mit dem Rechthaben.

Die Sünde zerreißt
das eine ganze Leben
und teilt es ein in gut oder böse.
Erlösung ist die Rückkehr
zum einen Ganzen
durch die Liebe.

Viele Menschen sind böse,
weil sie noch nicht überwältigt sind
von der Liebe.
Viele Menschen sind noch nicht
überwältigt von der Liebe,
weil sie noch böse sind.

Ein Geliebter
kann auf Bosheit
mit Erbarmen antworten.

Das Gegenteil von Böse
ist wieder böse:
Der Mensch sündigt immer
durch zu viel
oder durch zu wenig.

Manche beten:
„Führe alle in den Himmel"
und sind empört,
wenn alle in den Himmel kommen.

Wer nichts stehen lassen kann,
fällt selber um.

Wer Gott vertraut,
kann menschliche Enttäuschungen
verkraften,
weil er die Menschen nicht überfordert.
Wer Gott mißtraut,
kann auch nicht auf Menschen bauen.

Viele Menschen kennen Gott nicht,
aber er kennt sie.

Gott kann dich immer leiden,
auch wenn du selbst
und keiner mehr
dich leiden kann.

GRENZERFAHRUNGEN

Leben heißt:
sich immer wieder entscheiden.

GRENZERFAHRUNGEN

Frei ist, wer Grenzen überwindet,
nicht, wer sie verletzt.

Jeder gelangt immer wieder
an Grenzen,
wo es nicht mehr weitergeht.

Aber das Leben geht immer weiter.
Es geht nur nicht immer so,
wie bisher, weiter,
sondern anders.
Leben heißt
immer wieder anders leben,
neu leben.
„Leben heißt sich ändern.“

Jede Grenze ist eine
Staustufe des Lebens,
an der ich eine Stufe
höher steigen muß.

Die Grenze fordert mich heraus,
daß ich immer mehr *in* dieser Welt
nicht mehr *von* dieser Welt lebe,
sondern vom ewigen Leben selbst.

Wer auf den Grund kommen will,
muß zu Grunde gehen.
Wer zu Grunde geht,
kommt auf den Grund.

Die Wahrheit
liegt am Grunde
jedes Menschen,
doch ist sie oft mächtig überspült,
und es braucht Mühe,
sie zu entdecken.

Schwäche zeigt sich
sowohl in Abhängigkeit
als auch in Unterdrückung.

Im Konflikt
hat die Freiheit
ihre Chance.

Nichts ist der Freiheit so ähnlich
wie die Gesetzlosigkeit,
und nichts ist ihr so unähnlich.

Für den Freien
sind Gesetz, Gebot, Moral
die beste Lebenshilfe.
Der Unfreie sieht darin
nur Behinderung.

Mancher läßt sich
aus Angst vor Freiheit quälen.

Freiheit
wird oft
mit Hemmungslosigkeit verwechselt.

Viele meinen,
sie sind frei –
nur, weil sie keine Grenzen kennen.

Der Unfreie
umgeht die Grenzen,
der Freie
überwindet sie.

Der Zwang nimmt die Freiheit,
und er zwingt zur Freiheit.

Wenn ich jemanden mögen muß,
kann ich ihn nicht mehr mögen.

Haben dürfen
ist der Himmel,
haben müssen
wird zur Hölle.

Wer alles haben will,
verliert das, was er hat,
und hat gar nichts mehr.

Ohne Freiheit
wird die Grenze
zum Gefängnis.

Keine Freiheit
ohne Grenzen –
keine Grenzen
ohne Freiheit.

Gott gibt die Freiheit.
Die Götzen nehmen sie.

In den Zusammenbrüchen des Lebens
werden die falschen Götter
offenbar.

Man kann den Aufbruch
vom Zusammenbruch
nicht immer trennen.

Fort-schrittlich
kann man nur
im Abschied werden.

Was ewig bleiben soll,
das muß gewesen sein.

Blockiere nicht durch
spätere Entscheidungen
deine heutigen.

Ein un-entschiedenes Leben
bleibt immer unentschieden;
es wird nie meines.

Auf halbgestellten Weichen
muß jeder Zug entgleisen.

Der stärkste Baum muß fallen,
wenn die Wurzel krank ist.

Wer immer denkt,
was sein könnte,
kommt nie zu dem,
was ist.
Ihm geht die Gegenwart
verloren.

Die Behinderung zwingt,
Haupt- und Nebensache
zu unterscheiden.

Der Haß
offenbart das Fehlen der Liebe.
Wer haßt,
der könnte auch lieben.

Das Gute braucht
die Kraft des Bösen.
Du kannst bestimmen,
wem du deine Kräfte gibst.

Wer das Vergängliche festhalten will,
macht es nicht ewig, sondern kaputt.

Ich bin Leib;
doch habe ich zur Zeit
einen sterblichen Körper.

Die Geburt ist der Beweis,
daß es den Tod nicht gibt.

Nur der Tod
kann vom Tod befreien.

Der Unbarmherzige
kann nur durch Tod
barmherzig werden.

Wer das Leben schafft,
schafft auch den Tod.

Erst wenn einer ab-geht,
weiß man, wer er ist.

An jedem Grab kannst du erleben:
das Grab ist leer.
Der, den du suchst,
ist auferstanden.

Andenken und Erinnerungen
machen uns
die Unvergänglichkeit
des Vergangenen bewußt.

Laß deine Toten leben,
dann hast du immer Freude.

Was du erträgst,
wird dein Ertrag.

Man kann nicht
von der Lehre leben,
sondern aus der Wirklichkeit,
aus der die wahre Lehre kommt.

Gottesherrschaft
oder Zwangsherrschaft –
der Mensch muß sich
entscheiden.

Man kann nur
die Wahrheiten bezeugen,
die man selbst entdeckt hat.

Die letzte Wahrheit
kann nur eine sein,
die viele Wahrheiten erträgt.
Die letzte Wahrheit
ist die Liebe.

Die Freude
kann mich freuen;
ich selber kann es nicht.
Jede Freude
kommt von Gott.

Ich muß Gott verzeihen,
daß er Gott ist
und ich ihn oft noch nicht
verstehen kann.

Vielleicht braucht es
noch mehr Enttäuschung,
bis du es wagst,
mit Gott zu leben.

Wer gottlos leben will,
muß irgendwann erleben,
daß das nicht geht.

Nur Gott kannst du blind vertrauen.

Im „jüngsten Gericht“
richtet nur mehr die Liebe.

„Wir kommen alle, alle in den Himmel“,
nicht, „weil wir so brav sind“,
sondern, weil Gott die Liebe ist,
die alles aufdeckt
und dennoch liebt.

Gott kommt meistens dort,
wo wir ihn nicht vermuten.

Die Kraft für morgen
gibt mir Gott erst morgen.
So kann ich ruhig schlafen.

Bei Gott ist alles eins.
Bei ihm gibt es
kein Entweder-Oder
und kein Sowohl-Als auch.

Letztlich kann Gott
nur alles oder nichts sein.

Mit dem Tod
ist alles Vergängliche aus,
ewig und einmalig.

LIEBE

Gott ist das Liebe in der Liebe.

LIEBE

Nach Liebe verlangt jeder,
von der Liebe lebt jeder,
mit Liebe umgehen kann nicht jeder.

Mit Liebe umgehen
kann nur der Glaubende,
der an die absolute, unbedingte Liebe,
– an Gott, glaubt.
Liebe ist zugleich ganz menschlich
und ganz göttlich.

Für den ungläubigen Menschen
ist die Liebe nur ein sozialer Mechanismus,
den man steuern kann
oder ein Konsumartikel,
den man sich beschaffen kann.

Alles „Scheitern in der Liebe"
ist eine Chance,
das Wesen der Liebe
ein wenig mehr zu entdecken;

denn die Liebe scheitert nie:
Sie ist stärker als der Tod
und als alle Bosheit der Menschen.
Gott ist „das Liebe“ in der Liebe.

Die Erfüllung unseres Daseins
besteht im Wachsen in der Liebe.

Ohne Liebe
kann keine Lösung lösen.

Wenn es nur eine Wahrheit gibt,
kann es nur die Liebe sein.

Ohne Liebe
hat die Wahrheit keinen Sinn.

Die Liebe zwingt nicht;
sie überwältigt.

Die Überwältigung durch Liebe
schließt die Freiheit ein,
nicht aus.

Ohne Liebe
wird jede Befassung
zur Vergewaltigung.

Trau keinem,
der dich ohne Liebe liebt.

Sich quälen lassen,
kann auch eine Form
von Vergötzung sein.

Liebe ist nicht Lust;
doch schenkt sie
lustvolle Augenblicke.

Wir können nur miteinander,
aber nicht voneinander leben.

Verzichten bringt Sinn
in die Sinnlichkeit.

Wer immer tut,
was andere wollen,
kann nur mehr wollen,
was andere tun.

Wer nur den Trieben folgt,
kann nicht mehr wissen,
was er will.

Glücklich macht
spontane Liebe.
Wer Spontaneität verlangt,
macht sie unmöglich.

Liebe ohne Begierde ist tot.
Begierde ohne Liebe
macht tot.

Wer nur den Trieben folgt,
wird durchtrieben.

Liebe geht verloren,
wenn man sich
mit dem Gefühl begnügt.

Macht und Liebe sind zum Segen,
wenn sie vereint sind
in der Macht der Liebe.

Eifersucht
ist eine Chance
frei zu werden.

Glauben und Lieben
muß man selber dürfen.
Durch Druck, Zwang und Drohung
wird beides unmöglich.

Leid entsteht
durch das Verliebtsein
in das Vergängliche.

Die Liebe ist vollkommen,
aber nicht die Menschen.

Man darf Treue
nicht mit Abhängigkeit verwechseln.
Treu sein
und unabhängig bleiben
ist eine Frucht der Liebe.

Die ewige Liebe
ist uns geschenkt
in vergänglicher Verpackung.
Viele begnügen sich
mit der Verpackung
und sind dann enttäuscht.

Echte Liebe bleibt nie unerfüllt,
auch wenn viele Wünsche
offen bleiben.

Oft ist jemandem schon geholfen,
wenn er alles sagen darf.

Wenn das Interesse
an einem Menschen
zur Kontrolle wird,
ist eine gute Beziehung
nicht mehr möglich.

Die Zeit ist am kostbarsten,
wenn sie sich die Menschen schenken.

Liebe
macht auch im Leiden glücklich.

Auch „verbotene“ Liebe
kann glücklich machen,
wenn man die Gebote achtet.

Das Problem ist nicht,
ob Gott die Liebe ist,
sondern, daß du ihn als die Liebe
in deinem Leben findest.

Ohne Gottvertrauen
hat die schönste Trauung keinen Sinn.

Liebe ohne Gott
ist ein See
ohne Wasser.

Liebe heilt.
Liebe macht krank, –
wenn Gott fehlt.

Durch dich
lerne ich mich selber kennen.
Gott kennt mich ganz,
bevor ich mich selber kenne.

Wer sich selbst nicht treu ist,
kann es auch nicht anderen sein.
Wer Gott nicht treu ist,
kann es auch sich selbst nicht sein.

Auch die Liebe zu dir selbst
kannst du nicht selbst erzeugen;
du mußt dich lieben lassen.

Erst wenn ich geliebt bin,
kann ich lieben.
Gott liebt mich immer.

Wer sich selber nicht verzeiht,
kann auch anderen
nicht verzeihen.
Wer anderen nicht verzeiht,
kann auch sich selber nicht verzeihen.

Der Liebende straft nicht.
Er hilft zur Bewährung.

Alles verstehen heißt nicht:
allem zustimmen.

Man lernt nur die kennen,
die man liebt.

Die Liebe vereint
zum Ganzen das,
was wir gut
oder böse nennen.

Jeder Mensch
ist gut und böse.
Wer einen Menschen lieben will,
muß ihn ganz lieben.

Wer Licht will,
muß Ja zum Schatten sagen.
Nur Gott
ist schattenloses Licht,
das keine Schatten macht
und die vorhandenen erleuchtet.

Gott ist Vater
und Mutter zugleich;
von ihm hat alle Vaterschaft
und Mutterschaft den Namen.

Erst die vergangene Liebe
ist ganz ewig.

Das Geliebte
mußt du lassen,
um die Liebe zu erfassen.

GOTT

Gott ist Beziehung.
Er verkörpert sich
in Jesus.

GOTT IST DIE LIEBE

Wo die Liebe wahr ist,
ist immer Gott am Werk.
Wo Gott wirkt,
wirkt er immer Liebe.

Wir Menschen erreichen hier auf Erden
die reine, das heißt die volle,
vollkommene Liebe nicht ganz,
weil wir immer noch
dem Egoismus verhaftet sind.
Doch können wir,
wenn auch unvollkommen,
die wahre Liebe, Gott, erleben.
Wahr und unvollkommen
sind keine Gegensätze.
Die Kraft des Glaubens
vermag auch in der unvollkommenen Liebe
die wahre Liebe zu erkennen.

Das ganze Lebensglück hängt nun davon ab,
ob ich mich an Gott, an der Liebe selbst,

und an meinem ewigen, bedingungslosen
– von Gott – Geliebt-Sein festmache,
oder ob ich Geschöpfe,
die Medien der Liebe, vergötze.
Das Leben selbst zwingt mich immer wieder,
die „Medien“ der Liebe loszulassen,
damit ich zur Liebe selbst gelange
und zu dem unverlierbaren
erlösenden Bewußtsein,
ewig geliebt zu sein.

Die Liebe findet Ausdruck
in der ganzen Schöpfung.
In der Jesusgestalt begegnet uns schließlich
die menschliche Verkörperung
der ewigen Liebe.

Nicht der Dogmatiker,
sondern der Liebende
hat die Wahrheit in sich.
Liebende gibt es in allen Religionen.

Weil Gott alle liebt,
liebt er auch die,
die sich nur Begriffe von ihm machen.

Wer auf Gott vertraut,
braucht an den Begriffen
nicht mehr zu verzweifeln.

Man kann Gott
auch ohne Dogmen lieben.

Durch die Habsucht nach Gott
geht Gott verloren.
Gott zwingt nicht;
man kann auch ihn nicht zwingen.

Man muß an Gott glauben,
nicht an die Wissenschaft von ihm.

Ich kann Gott
nicht durch die Lehre von Gott, –
die Wahrheit
nicht durch die wahre Lehre ersetzen.

Gott ist kein Moralist;
doch er macht fähig zur Moral.

Gott gibt sich (nicht nur)
durch Jesus zu erkennen.

Gott offenbart durch Jesus:
Alle Menschen,
auch die bösen,
sind und bleiben ewig Geliebte.

Liebe ist nicht lieblich.
Das wird sichtbar am Gekreuzigten.

Jesus wurde verurteilt,
weil er niemanden verurteilt hat.

Nur, wenn die Liebe richtet,
wird alles recht und richtig.
Gott ist die Liebe.

Gott rettet immer:
Er rettet an Katastrophen vorbei
und durch Katastrophen hindurch.

Gott kennt keine Rache.
Er straft nicht, wie Menschen strafen.
Er liebt die Sünder
und bekehrt sie.

Gott vergibt immer.
Bei ihm darf jeder schuldig sein.
Ich brauche die anderen
nicht mehr zu beschuldigen.

Gott
läßt auch den Verbrecher nicht allein
und wartet, bis ihn die Liebe überwältigt.

Gottverlassen ist nur der,
der noch nicht weiß,
daß er nie gottverlassen ist.

Wenn dir etwas fehlt,
fehlt dir immer Gott.

Ohne Gott
kann kein Mensch
sich selbst ertragen.

Gott versteht es,
daß ich nicht immer gut sein kann.

Gott liebt alle Menschen
und jeden einzelnen ganz besonders.

Gott sieht auch das Gute
in den bösen Menschen.

Das Böse
kann nur durch Verwandlung
vernichtet werden.
Wer das Böse lediglich verdrängt,
vermehrt es.
Verwandeln kann allein die Liebe.

Gott macht alles recht,
auch wenn es mir nicht recht ist.

Gott liebt die Sünder,
auch wenn sie sich nicht bekehren.

Gottes Vollkommenheit
besteht darin,
daß er die Guten und die Bösen liebt.

Gott hat alles in der Hand,
doch er greift nicht ein.
Er hat nur die Macht der Liebe,
die nicht zwingen kann.

Ich kann nur zu dem aufblicken,
der auf mich nicht
herunterschaut.
Gott ist Mensch geworden,
weil er auf mich
nicht immer herunterschauen will.

Gott will die Welt.
Wahrer Glaube
wirkt sich auch politisch aus,
aber er selbst ist nicht politisch.

Gott ist nie Institution,
auch wenn es „göttliche Institutionen“ gibt.

Die Nähe Gottes
ist nicht an Institution gebunden,
aber die Institution
an die Nähe Gottes.

Gott teilt sich immer mit,
auch wenn sein Bodenpersonal versagt.

Man darf Gott nicht
an den Vertretern messen;
Gott begnügt sich
mit sehr unvollkommenen Vertretern.

Gott braucht Menschen,
obwohl er keine braucht.

Gott lernt man im Leben kennen.
Wer ihm nicht begegnet,
lernt ihn durch Studium nicht kennen.

Es gibt keine Gottfindung,
die nicht zugleich Selbstfindung wäre.
Und es gibt keine Selbsterfahrung,
die nicht zugleich Gotterfahrung wäre.

Gottes Freundlichkeit
kannst du auch
in Blumen
und in Tieren finden.

Alle Menschen
sind nur einer,
und alle sind in jedem drin.
Im All-eins-sein
ist der einzelne erst ganz verwirklicht.

Wenn man die Liebe machen könnte,
bräuchte man keine Religion.

Den Menschen fehlt nicht das Brot,
sondern die Liebe,
die es teilt.

Wer vor Gott Angst hat,
hat ihn noch nicht erfahren.

Wer im Brot
nicht Liebe spürt,
muß auch im Überfluß verhungern.

Liebe ist nur
im geteilten Brot.

Gott ist die „ziehende“
und beziehende Kraft
in jeder Beziehung.
Er ist „das, was liebt“ in der Liebe.

Ohne Liebe wird die Theologie
zur frömmsten Form
der Gotteslästerung.

Der wahre Verkünder
bindet die Menschen an Gott,
nicht an sich
oder an ein System.

Gottesfurcht
ist die Furcht,
die von aller Angst frei macht.

Wer mit Gott Angst macht
oder droht,
der lästert Gott,
weil Gott von aller Angst befreit.

Eine gnadenlose Gnadenlehre
kann Menschen zur
Verzweiflung bringen.

Das Leben ist Gott;
wenn nicht,
brauchen wir ihn nicht.

SCHRITTE AUF DEM WEG

Sich selbst
die anderen
Gott, die Liebe
Leid
Schmerz
Schuld
Tod
annehmen.

SCHRITTE AUF DEM WEG

Was ist machbar und was nicht?
Was kann ich tun, was muß ich tun,
damit die Liebe unser Dasein erfüllt?

Ich kann und muß
viel dazu beitragen und dazu*tun*,
damit die Liebe lieben kann.
Was zu ändern ist, ist zu ändern.
Aber das Eigentliche,
was nicht zu ändern ist,
muß ich zu*lassen*.

Ich muß zu-lassen:
mich selbst, so wie ich bin,
die anderen, so wie sie sind,
Gott, so wie *er* ist,
daß er alle, auch meine Feinde liebt.
Ich muß zu-lassen:
das irdische Leben, so wie es ist,
mit Leid, Schmerz, Schuld, Tod.

Es ist das Gesetz
der Paradoxie des Lebens,
daß alles „auf-geht“,
wenn ich es „zu-lasse“,
daß sich alles ändert
im irdischen Leben,
wenn ich es annehme, wie es ist.

Die Kraft zum Zulassen und Annehmen,
zum Verzichten und Verzeihen
kommt aus dem Vertrauen
auf die ewige Liebe
und aus dem Bewußtsein,
ewig und unverlierbar
geliebt zu sein.

Was von selber kommen muß,
kann nur erwartet werden.

Absichts- und bedingungslos
kannst du überall
Wunder erleben
und Lebenszeichen sehen.

Durch Verwöhnung
geht das Besondere verloren.
Die Gewöhnung an Verzicht
bewahrt vor der Verwöhnung.

Wer Ruhe haben will,
muß zur Ruhe kommen.
Wer Ruhe geben will,
muß Ruhe haben.

Wer nicht gehen kann,
macht sein Dasein unerträglich.

Wollen und Getrieben-sein
sind zum Verwechseln ähnlich.

Tu, was du willst.
Tu nicht, wozu du nur getrieben bist.

Verzeihung finden heißt:
erkannt und nicht verurteilt werden.

Nur der versteht mich,
der versteht,
daß ich mich selbst oft nicht verstehe.

Vollkommen ist,
wer unvollkommen sein kann.

Nur wer gibt,
weiß wirklich,
was er hat.

Indem ich Schuld zugebe,
nehme ich sie selber an.

Jeder Mensch ist selig,
wenn er so sein darf,
wie er ist,
und wenn er sich selbst
so sein lassen kann.
Das ist der Himmel.

Wem es schlecht geht,
der ist irgendwie selber auch mit schuld.
Wer das erkennt,
dem geht es schon besser.

Wer gehen und sich gehen lassen kann,
dem geht es gut.

Vielen geht's nicht gut,
weil sie sich's nicht gut gehen lassen.

Wer das Unmachbare machen will,
macht es unmöglich.

Emanzipiert ist,
wer das sein will,
was er ist.

Ohne fremde Autorität
geht auch die eigene verloren.

Kommen und Gehen
machen die Begegnung möglich.

Gehen lassen
ist die beste Einladung
wieder zu kommen.

Man muß sich versammeln,
damit Gemeinschaft werden kann.

Sich treffen
ist immer ein Risiko;
denn die Begegnung
muß von selber kommen.

Vergeben heißt:
dem anderen erlauben,
daß er schuldig ist
und den Sünder
mit der Sünde lieben.

Wenn mein Freund
meinen Feind liebt,
kann ich nur den Freund verlieren
oder einen neuen dazugewinnen.

Sag den Menschen,
wie gut sie sind,
dann hören sie auf,
schlecht zu sein.

Suche Gott
in deiner Liebe,
halte dich an ihm fest,
sonst bleibt nur Habsucht übrig.

Das Schönste,
das dir jemand geben kann, ist,
daß er sich dir zu erkennen gibt.

Bei Gott
dürfen alle schuldig sein;
keiner braucht mehr
Schuld zu verdrängen.

Wer Vollkommenheit verlangt,
zwingt zur Lüge.
Bei Gott darf jeder unvollkommen sein;
keiner braucht mehr zu lügen.

Mein Gott
ist immer auch
der Gott der anderen.

Ich muß Gott erlauben,
daß er auch
meine Feinde liebt.

Die Liebe Gottes
wird den „Gerechten" zum Verhängnis,
den Liebenden
zur ewigen Vollendung.

Gott kann auch
durch das Böse
zum Vertrauen ermutigen.

Viele haben Angst
vor ihrer Selbsterkenntnis.
Gott erkennt alle an;
er nimmt mir die Angst vor mir.

Die Wege Gottes
sind keine Einbahnstraßen.
Sie führen in diese Welt hinein
und aus ihr heraus.

Wenn du an Gott glaubst,
mußt du etwas tun,
um ihn zu erleben.

Leben mußt du selber.
Gott kann dich nur begleiten,
damit du zu ihm
und zu dir selber kommst.

Jede Sehnsucht
ist Sehnsucht nach Gott,
auch wenn sie sich
zunächst mit Menschen begnügt.

Gott kommt immer,
erwünscht und unerwünscht,
erwartet und unerwartet.

Wer Gott finden will,
muß ihn immer
und überall suchen.

Nur wer an Gott hängt,
lernt auf eigenen Füßen zu stehen.

Ein unfehlbarer Mensch
ist nicht fähig zu verzeihen.

Wer sich selber nicht verzeihen kann,
muß stets unfehlbar sein.

Leben heißt schuldig sein
und schuldig werden.
Die schlimmste Schuld
ist die Schuldverdrängung;
wer schuldig sein kann,
findet zu sich selbst.

Wer Schuld verdrängt,
kann sie nie überwinden.

Verzeihen
heißt nicht ignorieren.

Was dir nicht recht ist,
muß deshalb noch kein Unrecht sein.

In der Vergebung
bleibt die Schuld bestehen,
aber sie hört auf,
schuldig zu sein.

Vergebung macht nichts ungeschehen;
im Gegenteil:
Das Geschehene kommt
zur vollen Geltung,
doch ich bekomme dazu eine völlig
andere Beziehung.

Angenommene Schuld
macht frei, glücklich und kreativ.

Sündigen ist normal;
erst durch Vergebung
kann sich etwas ändern.

Wer Vergebung erfährt,
verliert das Verlangen nach der Sünde.

Schuld ist dort,
wo etwas ist, das nicht sein soll,
oder wo etwas sein soll,
das nicht ist.

Wer Gott nicht in sich findet,
findet ihn überhaupt nicht.

Schuld erdrückt,
wenn ich sie niemandem zu-geben kann.

Ich kann nur dem Schuld zugeben,
der mir vergibt.

Gott erlaubt mir nicht die Sünde,
aber er erlaubt mir das Sündersein.
Ich darf leben, –
auch ohne weiße Weste.

Vergebung
verwandelt Schuld in Liebe.

Der liebt mich am meisten,
dem ich alle Schuld zu-geben kann.
Er trägt unser aller Schuld.
Ihm kann ich alles zugeben.

Wenn ich alles sagen muß,
kann ich nicht mehr alles sagen.

Anpassung ist zum Leben nötig,
aber sie darf nicht zur
Angepaßtheit werden.

Spiritualität führt zur Moral,
aber nicht Moral zur Spiritualität.
Moral allein
erzeugt nur Pharisäer.

Spiritualität verhindert Sünden.
Die Moral zeigt nur,
wo sie meistens liegen.

Wenn ich nicht gut sein *muß*,
dann *kann*
und *darf* ich gut sein.

Sühne ist die Frucht
vergebender Schuld:
die Kraft zu frohem Neubeginn.

Sühne ist Selbstbetrug,
wenn sie etwas
ungeschehen machen will.

In der Ergebung
zeigt sich die Schwäche
und die Stärke.

Die Finsternis
vertreibt das Licht,
bis sie vom Licht verwandelt wird.

Jede Ent-Täuschung
bringt der Wahrheit näher.

BEZIEHUNGEN

Gott im anderen
praktisch erleben.

BEZIEHUNG

In jeder Beziehung zieht die Liebe;
sie zieht in jeder Beziehung:
sie zieht hin, sie zieht weg,
sie schafft Nähe und Distanz.

Distanz und Nähe
sind zwei Seiten einer Münze.
Zu viel Nähe ist unerträglich
und macht unerträglich.
Sie macht die Liebe unfruchtbar.
Zu viel Nähe schließt ab, nicht auf.
Der Halt, den die Liebe geben soll,
wird zur Fessel.
Zu viel Distanz
macht Liebe „un-verbindlich";
die Liebe gibt keinen Halt mehr.
Zu viel Distanz entzweit.

Liebe ist die Kraft dazwischen,
die „Zwischen-Lösung".
Sie bindet und löst zugleich.

Wer auf „Endlösungen“ drängt,
stört diese Balance
und hemmt das Leben.

Die Lösung der meisten Lebensprobleme
ist deren Nichtlösung,
d.h. das Annehmen dessen, wie es ist.

Freiheit und Abhängigkeit
werden eins in der Liebe.
Diese Einheit ist die Geborgenheit,
nach der sich jeder sehnt.

Niemand kann sich selbst
zusammenhalten.

Wir können nur zusammenhalten,
wenn wir zusammen
einen Zusammen-Halt gefunden haben.

Gott hält alles zusammen;
er ist der Zusammen-Halt.

Wahrheit,
die nicht aus der Liebe kommt,
spaltet und zerstört.
Wahrheit,
die aus Liebe kommt,
eint, heilt und befreit.

Die Antwort auf Liebe
ist die Verantwortung.

Du bist verantwortlich
für Selbstverantwortung:
für deine eigene
und für die des anderen.

Auch richtige Gedanken
können schlecht sein.

Jeder ist verantwortlich,
wie er denken will.

Die Gedanken
und das Denken sind frei.

Nicht, was du denkst,
ist entscheidend,
sondern wie du denkst.

Die Reinheit der Liebe
besteht in ihrer Selbstlosigkeit.

Glauben und Lieben
nützen nichts,
wenn sie Zwecken dienen.

Liebe braucht Moral,
aber sie ist nicht Moral.

Keine Liebe ohne Freiheit –
keine Freiheit ohne Liebe.

Freiheit
ist Freiheit zu lieben.

Religion hat Moral,
aber sie ist nicht Moral.

Die Freiheit,
die Gott dir gab,
darfst du dir nicht nehmen lassen.

Die Kraft des Hasses
führt zur Freiheit,
wenn sie die Liebe steuert.

Die Freude am Verzicht
ist eine Frucht der Liebe.

Der bejahte Verzicht
macht glücklich,
der erzwungene
deprimiert.

Die Liebe braucht
die Kraft des Willens,
der zum Verzichten fähig macht.

Jeder Mensch ist gut und böse.
Du kannst ihn nur ganz lieben
oder gar nicht.

Je vollkommener jemand liebt,
desto mehr Unvollkommenheit
kann er ertragen.

Wer mich mit meiner Last erträgt,
trägt meine Last.

Du kannst nicht die Last
des anderen tragen;
du kannst ihn nur
mit seiner Last er-tragen.

Was mich drückt,
das trägt mich,
wenn ich anfange,
die Liebe zu begreifen.

Wer liebt,
muß nicht mehr recht haben;
wer immer recht haben muß,
kann nicht mehr lieben.

Liebe braucht Nähe und Distanz
sonst stirbt sie an der Wärme
oder an der Kälte.

Wo Liebe heilt,
heilt Gott.

Liebe braucht soviel Distanz,
daß die Eigenheiten
nicht unerträglich werden.

Das wichtigste Merkmal der Liebe
ist die Toleranz.

Sein lassen und sein dürfen
machen ein Leben miteinander möglich.

Nur der Liebende
kann Gott erkennen
und ihn von Götzen unterscheiden.

Die Liebe zu einem Menschen
macht offen
für alle Menschen.

Ein guter Freund
ist das größte Geschenk des Lebens,
aber nicht sein Inhalt.

Wer selber lebt,
kann leben –
alleine und mit anderen.

Auch den liebsten Menschen
muß ich irgendwann
und immer wieder alleine lassen.

Laß mich bitte in Ruhe,
damit ich in Ruhe
gelassen werde.

Anhängliche Unabhängigkeit
ist die Frucht der Liebe.

In der Gottesliebe
wird Erotik nicht verdrängt,
sondern vollendet.

Erotik ist ein Biotop der Liebe,
in dem Gott aufgeht.
Wer die Erotik vergötzt,
nimmt ihr den Sinn.

Liebe ist erotisch,
aber Erotik ist nicht Liebe.

Zartheit braucht Zärtlichkeit,
Zärtlichkeit braucht Zartheit.
Zärtlichkeit ohne Zartheit
ist brutal.

Wer die Erotik verurteilt,
nimmt der Liebe
ihre menschliche Wurzel.

Der Mensch ist Gottes Ebenbild
als Mann und Frau.
In dieser Spannung
liegt die göttliche Kraft
des Lebens.

WENN GOTT AUFGEHT

Harmonie

Frieden

Erlösung

WENN GOTT AUFGEHT

Gott wirft nichts und niemanden weg.
Er kann alles brauchen,
er macht aus allem etwas Ganzes,
Einmaliges.
Gott ist all-mächtig.

Lebe so, daß Gott,
die absolute Liebe,
das Leben,
immer mehr vor-kommen kann
in deinem Dasein.

Durch das Bemühen um die Liebe
im Lieben wird
die wahre Wirklichkeit des Lebens
– die Wirklichkeit des wahren Lebens –
immer mehr deutlich und bekannt.

Je mehr ich schließlich vom Leben,
von Gott, ergriffen bin,
schwinden meine Lebensprobleme.

Viele Probleme müssen nicht mehr
gelöst werden,
weil sie verschwunden sind.
Es wird deutlich, daß alles einen Sinn hat,
auch das zunächst Unsinnige:
Angst, Sünde, Leid, Tod.
Stolpersteine werden Bausteine des Lebens.
Der Müll meines Lebens wird entsorgt
und neu, viel höher „ver-wertet“.

Die Gegensätze, Gegenteile und Kontraste
im Menschen und in der Schöpfung
werden erlöst von ihrer zerstörenden Kraft
und verwandelt in Harmonie,
Frieden und Urvertrauen.

Wer Gott in sich trägt,
hat immer
allen
etwas zu geben.

Wenn ich böse sein darf,
muß ich nicht mehr böse sein.
Das ist der Anfang der Erlösung.

Unfreiheit
hat in der Freiheit Platz,
doch nicht die Freiheit
in der Unfreiheit.

Menschsein heißt
zugleich gleich
und anders sein.

Das Recht, zu haben
ist von der Pflicht, zu geben
nicht zu trennen.

Wenn die armen Reichen
und die reichen Armen
ihren Reichtum teilen,
werden alle glücklich.

Wer auf das Böse
mit Haß antwortet
und nicht mit Liebe,
der vermehrt es.

Wenn ich auf Bosheit
nicht mehr böse
reagieren muß,
bin ich erlöst.

Das Böse wird nur überwunden
durch Vereinigung.
Im Ganzen
sind die Gegen-Teile
aufgehoben.

Das Böse bekämpfen heißt:
die Spaltung von Gut und Böse
zu überwinden suchen
durch die einende Kraft
der Liebe.

Oben und unten,
links und rechts
sind immer miteinander verbunden,
auch wenn du nur auf das eine siehst.

Wer das Böse verdrängt,
verdrängt auch das Gute.

Nur die Liebe
kann das Böse überwinden.

Der Unglückliche
muß sich am Bösen freuen.
Hab mit ihm Erbarmen.

Dasein für andere macht glücklich,
wenn man nichts von ihnen will.

Absichtslos
kann nur ein Willensstarker sein.

Dürfen
ist das Müssen aus Liebe.

Wer verzichten kann,
kann leichter leiden,
kann leichter lernen.

Wenn ich leiden darf,
muß ich nicht mehr leiden.

„Selbstzufriedenheit"
kann zweierlei bedeuten:
Wer mit sich selbst zu-frieden ist,
ist niemals selbstzufrieden.

Wer wenig braucht,
hat leicht genug.
Wer viel braucht,
hat nie genug.

Der Genügsame
ist stets vergnügt.

Der Glaubende
hat immer Hoffnung,
auch wenn alles
hoffnungslos erscheint.

Nur durch Gott
wird menschliche Beziehung
unauflöslich.

Die Bindung Gottes
an den Menschen
ist unauflöslich und unzertrennlich.

Je mehr du dich an Gott bindest,
desto mehr wirst du unabhängig
von den Geschöpfen,
durch die er dir begegnet.

Wer Gott wirklich kennt,
braucht nie mehr Angst zu haben.

Gott begegnet dir
in allen Geschöpfen.
Du lernst ihn kennen,
wenn du ihn von den Geschöpfen
unterscheiden lernst.

Durch das Frauliche
kommt Gott zum Menschen
und der Mensch zu Gott.

In Gottes Willen
kommt mein eigentlicher Wille
zur Entfaltung;
darum: „Dein Wille geschehe".

Wer Gottes Willen tut,
verwirklicht seinen
zutiefst eigenen.

Richten heißt:
ganz und richtig machen.
Gott macht am Ende
alles ganz richtig.

Wer richtig richtet,
macht alles richtig.

Manche sterben vor Glück,
manche vor Unglück,
manche an beidem.

Manche sind nur gesund,
wenn sie krank sind.

Die Lust
ist lustig im Kontrast zum Schmerz,
die Freude
freudig im Kontrast zum Leid –
selig, wer nicht trennt.

Wenn dir aufgegangen ist,
daß alles stimmt im Leben,
auch wenn gar nichts stimmt,
hast du das Leben
und seinen Sinn gefunden.

Wer das Leben in sich hat,
braucht die Einsamkeit
nicht zu fürchten.

Auch die verkannte Liebe
setzt sich durch.

Im Druck der Unterdrückung
kann auch innere Freiheit wachsen.

Der Demütige demütigt nicht.

Wer nichts mehr haben muß,
empfängt alles als Geschenk.

Wenn Gott wirklich
dein Gott ist,
ist dir alles erlaubt.

Ein guter Mensch
läßt andere nicht zappeln.

Die Gewißheit des Glaubens
löst alle Probleme;
die Sicherheit des Verstandes
führt zu endlosem Zweifel.

Den, der sich nicht ärgert,
kann auch kein anderer ärgern.

Vergnügt ist,
wer mit dem Ungenügen leben kann.

Der wahre Reichtum des Lebens
ist immer unvergänglich.

Der Sinn des Leids
ist die Veränderung.
Du kannst nur dein Leben ändern
oder dich selbst.

Auch in der Unwahrheit
steckt eine tiefe Wahrheit.

Was man durch Leiden lernt,
geht nie verloren.

Wirklich krank ist nur,
wer unheilbar gesund ist.

Gesund werden
ist nur durch Krankheit möglich.

Wenn ich nicht schwach sein darf,
kann ich nicht stark sein.

Stark ist,
wer sich seine Schwäche
eingestehen kann.

Wer allein sein kann,
ist nie allein.

Du kannst durchs Leben schweben,
wenn Auftrieb und Belastung
ausgeglichen sind.

Man kann schon vor dem Tod
von den Toten auferstehen,
weil Christus auferstanden ist.

Wer mit dem Verlust des Geliebten
die Liebe nicht verliert,
hat sie in sich.

Wer selber lebt im Gottvertrauen,
muß nicht mehr selber leben:
Gott lebt in ihm.

Wer vom ewigen Leben
begeistert ist,
ist es auch vom irdischen.

Engel
ist der Teil von dir,
der in Gott ist,
und der dich stets begleitet.

Glücklich ist,
wer immer wieder
glücklich ist.
Man kann das Glück
nicht ein für allemal erlangen.

Nur wer auf Gott vertraut,
kann es wagen,
auch Menschen zu vertrauen.

Wenn nichts mehr sein muß,
weil alles sein darf,
wenn alles sein darf,
weil nichts mehr sein muß,
ist das Reich Gottes da.

Wer nichts haben will,
hat alles.

Wer die Freude in sich hat,
kann sich selber freuen.

Wenn alles gleich gültig ist,
ist nichts mehr gleichgültig.

Das Entweder-Oder
hat seine Lösung
im Sowohl-Als Auch.

Von oben her betrachtet
sieht alles anders aus.
Gott ist wie ein Spiegel:
Du kannst durch ihn
auf Erden alles
von oben her betrachten.

Gott ist all-mächtig:
Er ist in allem mächtig
und kann alles ver-werten.

Auch der Tod
ist ein Geschenk
des Lebens.

Todesangst ist Lebensangst.
Wer das Leben liebt,
wird frei
von Ängsten.

Ewige Ruhe
und ewiges Leben
sind dasselbe.

Die Kostbarkeit
des Todes
ist die Herrlichkeit
des Lebens.

Elmar Gruber ist Referent für die religionspädagogische Aus- und Fortbildung von Katecheten und Religionslehrer/innen im Schulreferat der Erzdiözese München und Freising.